C'EST MOI L'ESPION

DU MONDE DU MYSTÈRE

DES PHOTO-MYSTÈRES

Photographies de Walter Wick

Texte de Jean Marzollo

Texte français de Lucie Duchesne

Les éditions Scholastic

À Elizabeth Page Wick
W.W.

À Act II et French Woods
J.M.

Conception graphique de Carol Devine Carson

Un gros merci à Grace Maccarone et à Bernette Ford de Scholastic;
à Molly Friedrich de Aaron Priest Agency; et à Linda Cheverton-Wick,
Kathy O'Donnell, Maria McGowan, Greg Clark, Sue Coe, et Tina Chaden.

Données de catalogage avant publication

Wick, Walter
C'est moi l'espion du monde du mystère

Traduction de : I spy mystery
ISBN 0-590-24317-9

1. Jeux à images — Ouvrages pour la jeunesse.
I. Marzollo, Jean.   II. Titre.

GV1507.P47W52614   1994   j793.73   C94-930458-1

Édition publiée par Les éditions Scholastic,
175, Hillmount Road, Markham (Ontario) Canada L6C 1Z7

5 4 3 2   Imprimé aux États-Unis   9/9 0 1 2 3 4/0

Table des matières

Ouvre grand les yeux :
Voici un livre étonnant et mystérieux

Allez, espion, au travail!
Tu vas faire plein de trouvailles!

Je cherche un sifflet, un bouton, un marteau,
un lapin, un crayon et un petit seau;

un pingouin, un poisson, une pomme entamée,
une petite lampe de poche, une poule et un panier.

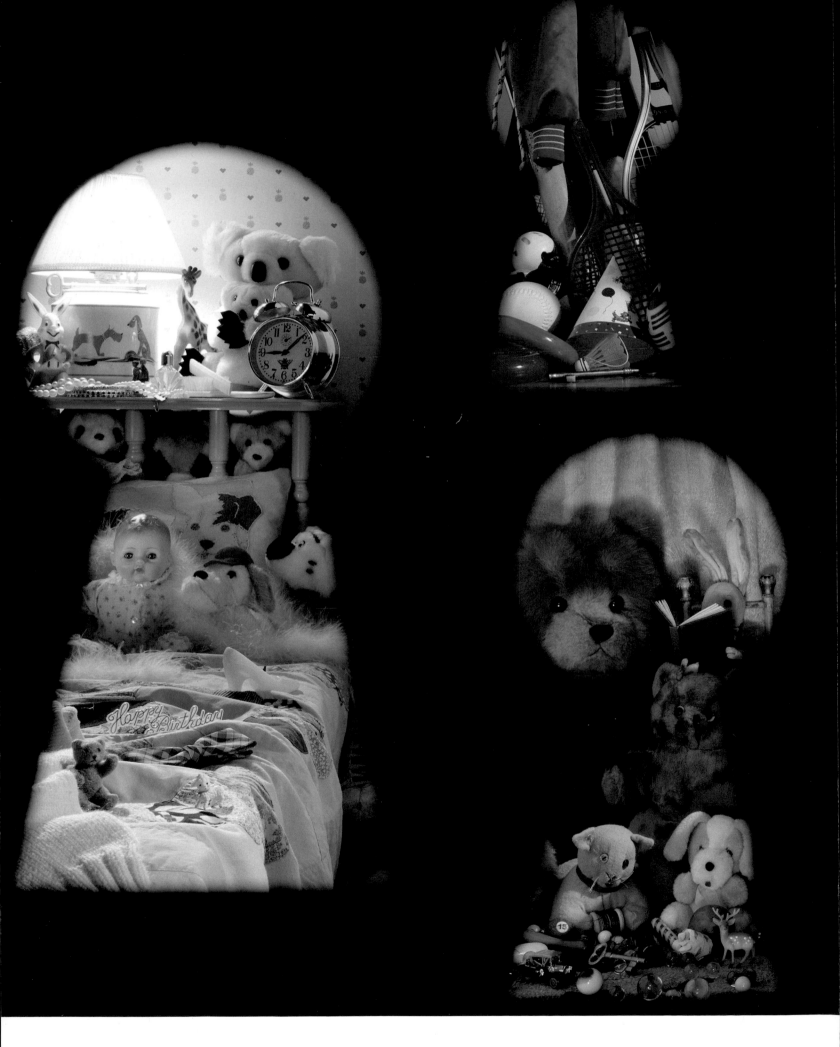

Je cherche deux peignes, une boucle sur un lit, une perruche,
un cadeau rouge, une abeille et deux nounours en peluche;

un crayon, un petit oiseau bleu, dans chaque chambre une clé,
un cheval, un balai et un petit panier.

Je cherche une ballerine, un homme en pince à linge, la lettre P,
une chaise, une raquette et une épingle de sûreté;

un petit boulon rouge, un monstre à l'envers, un éventail,
une vache, un cheval et un hippopotame qui baîlle.

Je cherche un carrosse, un nid, un ressort,
une clé manquante, une fourche et une baleine en or;

la statue d'un homme, le fantôme de la maison de poupée,
une étoile de mer, une pièce de monnaie et un service à thé.

15

Je cherche six grenouilles musiciennes, un ruban à mesurer,
un chapeau de paille, une cuillère et de la peinture renversée;

un homme sur une échelle, un stylo-bille, un perroquet,
deux punaises de métal, une scie et une carotte orangée.

Je cherche un patin à roulettes rouge, une clé,
une souris et une distributrice de gomme à mâcher;

les nombres de 1 à 8, un ballon de soccer, un yo-yo,
un bout de ficelle, une bague à diamant et un bateau sur les flots.

Je cherche un singe, un cube avec un B et un chameau,
une reine, quatre as et trois bateaux;

la pièce manquante du casse-tête de la page 33, un veau,
trois pièces de monnaie, un ours blanc et une boîte de dominos.

Je cherche une ancre, un lapin, un oeuf tout moucheté,
douze traces d'oiseaux, un petit hibou et un sablier;

la patte d'un cheval, une paire de lunettes, un hameçon,
le X du pirate, une botte et un papillon.

Je cherche une grenouille, un gâteau avec un B, un chapeau,
un insecte, six mitaines et un escargot;

une chandelle, une vache, l'ombre d'un lapin,
24 oiseaux noirs, un violon et un dauphin.

Je cherche un cygne, une cloche, une pomme de pin,
une abeille, un téléphone et un dalmatien;

une paire de gants, une plume, un fer à repasser,
l'ombre d'un coureur, le chiffre 10 et deux dés bien cachés.

Je cherche un insecte, une botte, un escargot,
deux pinces à linge, un balai et trois chapeaux;

une petite fourche, un oeuf, un oiseau qui s'est enfui,
un arrosoir, un bouchon de liège et un panier de fruits.

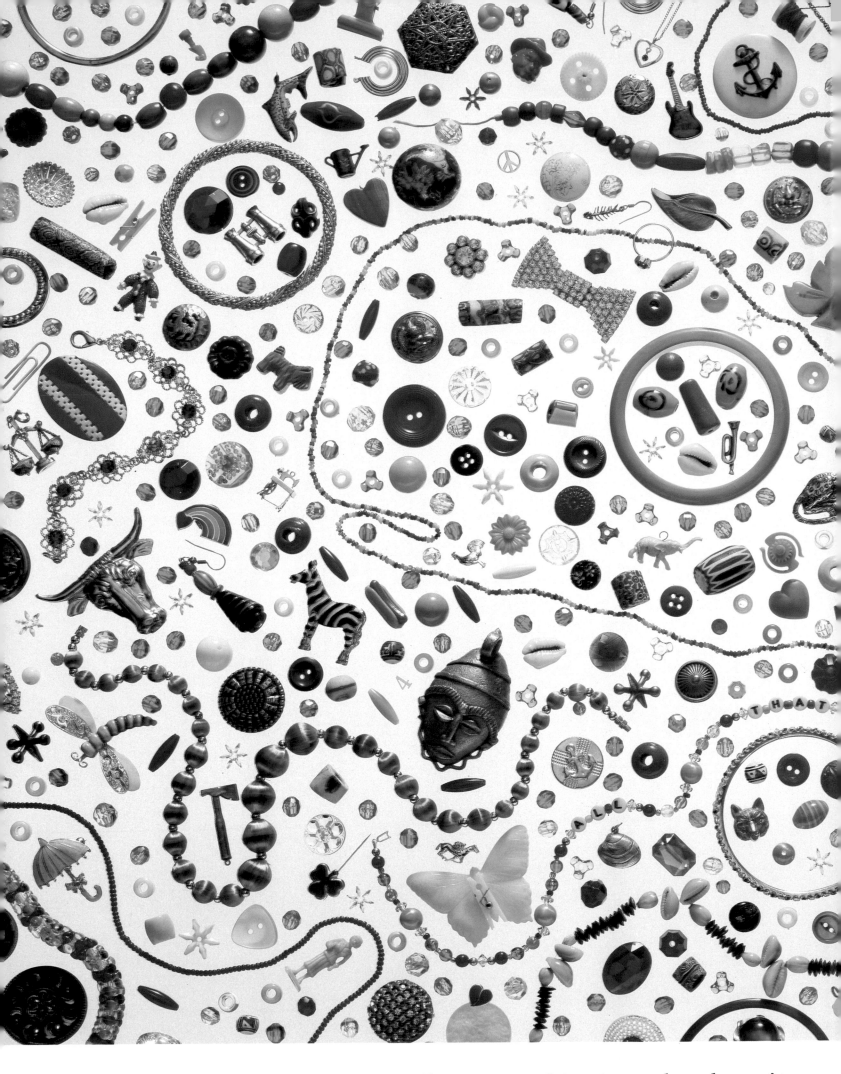

Je cherche un coq, une grenouille, une machine à coudre, des arêtes, un cheval de course et l'oeil manquant du masque de la page 17;

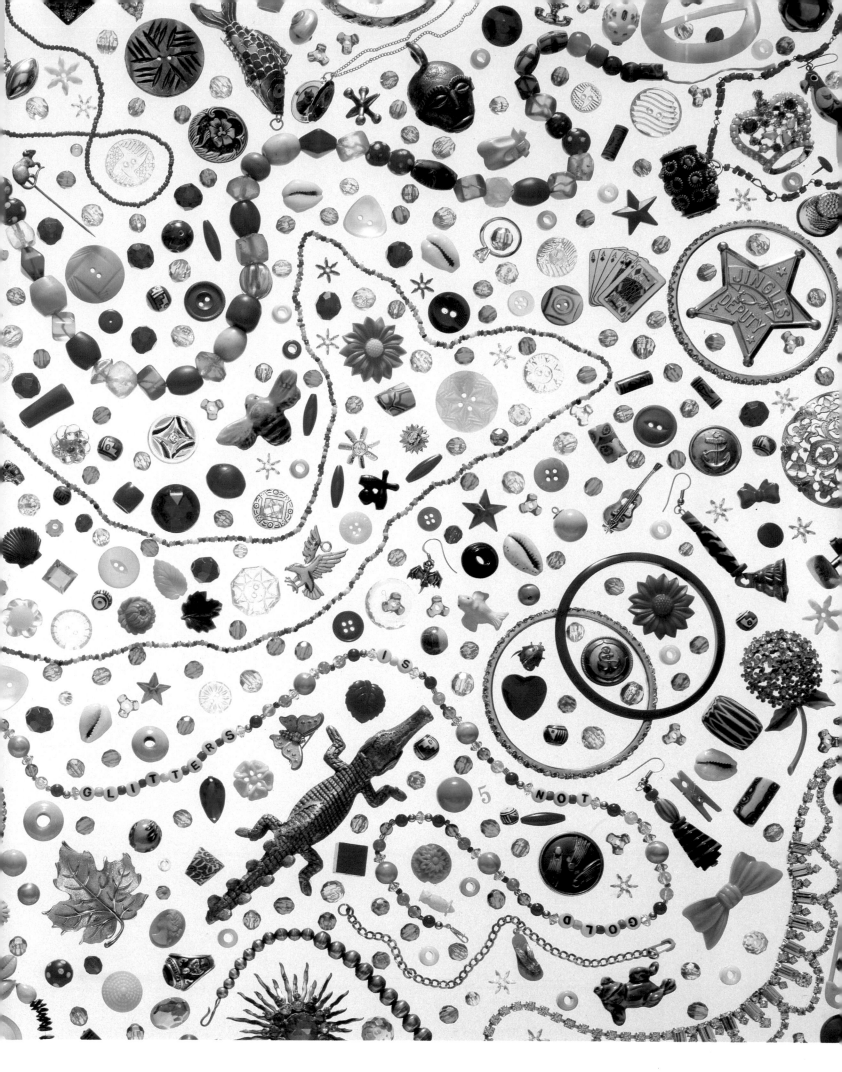

un petit hot-dog, un clown, sept petits coeurs, une guitare,
un ballon de football, une baleine et un arrosoir.

Je cherche un hot-dog, une fleur, trois canards,
une botte, une pipe et deux drapeaux jaunes et noirs;

une arachide, sept étoiles rouges, un agneau,
un trèfle à quatre feuilles, une fourchette et quatre chevaux.

D'autres énigmes à élucider

Qui suis-je?

Tu me trouveras dans chaque illustration;

je suis noir et mignon; je suis un _____.

Trouve les illustrations qui correspondent à ces énigmes.

Je cherche un hameçon au bout d'un fil,

un grille-pain et une lampe à huile.

Je cherche un timbre-poste, une paire de gants,

une bulle, un cochon et un lapin vert et blanc.

Je cherche un épi de maïs, trois chats blancs,

une queue en tire-bouchon et une cuillère d'argent.

Je cherche un réveille-matin, un cheval sur sa queue,

un éléphant transparent et une voiture bleue.

Je cherche un téléphone, un poussin,

une planche à roulettes, une vache et un train.

Je cherche deux têtes de lapin,

deux poissons, un timbre et quatre avions.

Je cherche un tigre, un chapeau de fête,

une colombe et une clochette.

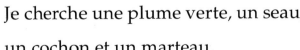

Je cherche quatre ancres, un zèbre, un hibou blanc,

une machine à coudre, une paire de chaussons et un éléphant.

Je cherche une voiture, une petite pelle,

un peigne et une perle.

Je cherche un lacet de chaussure,

une guitare et une clôture.

Je cherche un roi, la lettre B, un poisson,

une poire et une maison.

Je cherche une boîte avec du ruban adhésif, une voiturette,

six bâtonnets de bois et une trompette.

Je cherche une plume verte, un seau,

un cochon et un marteau.

D'autres mystères!

Mystère n° 1
Le mystère de la gourmette

Les breloques de cette gourmette ont été éparpillées un peu partout dans le livre. C'est toi l'espion, et tu dois les retrouver. Il y en a une dans chaque illustration.

Mystère n° 2
Le mystère de la boîte en forme de coeur

Qu'est-ce qu'on trouvait dans cette boîte en forme de coeur? Pour résoudre l'énigme, trouve l'illustration où la boîte est remplie, puis cherche dans chaque illustration les trésors éparpillés.

Invente tes propres énigmes

Il y a tellement d'objets cachés dans ces pages que tu peux inventer encore bien d'autres énigmes. Écris tes propres énigmes et demande à tes amis de les résoudre.

Crée des histoires mystérieuses

Fais aller ton imagination et invente des histoires ou des pièces de théâtre à partir des illustrations de ce livre.

Comment on a fait ce livre

Toutes les installations des illustrations de ce livre ont été réalisées par le photographe Walter Wick. Ces installations, d'un peu plus de 1 m à près de 3 m de largeur, sont faites de bois, de papier, de sable, de jouets, de bijoux, de meubles, de plantes et d'autres objets.

Au fur et à mesure de la construction des installations, Walter Wick et Jean Marzollo ont inventé les énigmes, à partir des possibilités de rimes et des qualités esthétiques des objets. Ils se sont amusés à dissimuler les objets pour compliquer un peu la tâche de l'espion. Walter Wick éclaire la scène pour obtenir des effets d'ombre, de profondeur et d'atmosphère. En dernier lieu, il photographie l'installation avec un appareil-photo qui utilise des négatifs de 8 pouces sur 10 pouces. Lorsque la photo est bonne, Walter Wick défait l'installation et s'attaque à la suivante. Les installations ne vivent plus que sur photo et dans l'imagination du lecteur.

Walter Wick est le créateur de plusieurs jeux photographiques. Il est le photographe de «C'est moi l'espion». Il a produit plus de 300 couvertures de livres et de magazines. C'est le quatrième livre qu'il fait pour Scholastic.

Jean Marzollo, l'auteure de ce livre, a écrit plusieurs livres de comptines pour enfants, ainsi que *C'est moi l'espion de Noël* et *C'est moi l'espion du parc d'attractions*. **Carole Devine Carson** a réalisé la conception de la collection «C'est moi l'espion». Elle est directrice artistique d'un important éditeur de New York.